BEI GRIN MACHT SICH IHR WISSEN BEZAHLT

- Wir veröffentlichen Ihre Hausarbeit,
  Bachelor- und Masterarbeit

- Ihr eigenes eBook und Buch -
  weltweit in allen wichtigen Shops

- Verdienen Sie an jedem Verkauf

**Jetzt bei www.GRIN.com hochladen
und kostenlos publizieren**

Katharina Weber

Predicates of Personal Taste

Einteilung der Prädikate und strukturelle Schwierigkeiten

GRIN Verlag

Bibliografische Information der Deutschen Nationalbibliothek:

Die Deutsche Bibliothek verzeichnet diese Publikation in der Deutschen National-
bibliografie; detaillierte bibliografische Daten sind im Internet über http://dnb.d-
nb.de/ abrufbar.

Impressum:

Copyright © 2011 GRIN Verlag GmbH
Druck und Bindung: Books on Demand GmbH, Norderstedt Germany
ISBN: 978-3-640-92794-4

Dieses Buch bei GRIN:

http://www.grin.com/de/e-book/172786/predicates-of-personal-taste

GRIN - Your knowledge has value

Der GRIN Verlag publiziert seit 1998 wissenschaftliche Arbeiten von Studenten, Hochschullehrern und anderen Akademikern als eBook und gedrucktes Buch. Die Verlagswebsite www.grin.com ist die ideale Plattform zur Veröffentlichung von Hausarbeiten, Abschlussarbeiten, wissenschaftlichen Aufsätzen, Dissertationen und Fachbüchern.

Besuchen Sie uns im Internet:

http://www.grin.com/

http://www.facebook.com/grincom

http://www.twitter.com/grin_com

Predicates of Personal Taste

Ausarbeitung im Rahmen des HS "Vergleiche"

im WS 10/11

Inhaltsverzeichnis

1. Einführung

(1) A: Die Pizza ist lecker.   p
     B: Die Pizza ist nicht lecker.   ¬ p

(2) A: Hans ist groß.   p
     B: Hans ist nicht groß.   ¬ p

(3) A: Anna ist schwanger.   p
     B: Anna ist nicht schwanger.   ¬ p

Wer hat Recht, Sprecher A oder B?

Wenn in Beispiel 3 einer der beiden Sprecher Recht hat, muss der andere Unrecht haben. Entweder ist Anna schwanger oder eben nicht. Beide Aussagen zusammen führen zu einem Widerspruch (p ∧ ¬p), p und ¬p können nicht gleichzeitig gelten. In Beispiel 2 lässt sich allerdings nicht eindeutig entscheiden, ob einer der beiden Sprecher Recht hat. Intuitiv würde man vermuten, dass die beiden Urteile aus verschiedenen Perspektiven gefällt worden sind und sich die Maßstäbe von Sprecher A und B unterscheiden. Auch in Beispiel 1 ist es schwierig, sogar unmöglich, einem Sprecher Recht zu geben. (p ∧ ¬p) bilden hier keine Kontradiktion mehr, sondern es ist "halt Geschmackssache". Das relationale Verhältnis der drei Beispiele scheint sich zu verändern. Erstaunlich, denn prima facie wirken Beispiel 1, 2 und 3 strukturell identisch.Worin liegt also der semantische Unterschied, der Beispiel 3 widersprüchlich macht und Beispiel 1 und 2 nicht?

2. Einteilung der Prädikate

2.1 Graduierbare Prädikate

Graduierbare Prädikate sind zum Beispiel *groß*, *klein*, *hell*, *dunkel*, *lecker*, *ecklig*. Sie zeichnen sich dadurch aus, dass sie einen Pol auf einer Skala beschreiben und ein Komparativ problemlos gebildet werden kann: *groß - größer*, *lecker - leckerer*.

Allerdings besteht zwischen den Skala, die das Prädikat *groß* verwendet ein wesentlicher Unterschied zu der Skala des Prädikats *lecker*. Die Skala von *groß*, deren anderer Pol *klein* darstellt, bezieht sich auf eine physikalische Skala, die aus messbaren

Einheiten besteht. Die Skala von *lecker-eklig* basiert auf rein subjektiven Empfindungen und kann nicht objektiviert werden. Beide Prädikate, *groß* und *lecker*, sind graduierbar, wobei *lecker* in die spezielle Kategorie der Prädikate des persönlichen Geschmacks (Predicates of Personal Taste) fällt.

2.1.1 Predicates of Personal Taste (PTs)

Prädikate, die einen persönlichen Geschmack ausdrücken, werden *Predicates of Personal Taste* (PT) genannt. Bei ihrem Gebrauch kann der Aussage kein eindeutiger Wahrheitsgehalt zugesprochen werden, und sie implizieren Subjektivität, da beide Sprecher aus ihrer subjektiven Perspektive Recht haben können. Werden sie einerseits affirmativ andererseits negierend eingesetzt – wie in Beispiel 1 –, entsteht ein *faultless disagreement*. Beispiele für solche Prädikate sind u.a. *lecker, hübsch, spannend, interessant*. Der Umschlagpunkt, an dem der Sachverhalt gemessen und das PT zu- oder abgesprochen wird, wird subjektiv festgelegt und kann als eine subjektive mentale Norm verstanden werden. Es existiert keine Maßeinheit, anhand derer ein *leckerer* oder ein *spannender* feststellbar wäre. Die PTs sind vage in zweifacher Hinsicht: sie referieren auf keine objektiv feststellbare Tatsache in der Welt und sie lassen sich nicht auf einer Messskala ordnen. Ihre Bewertungskriterien sind rein subjektiv.

2.1.2 Vage Prädikate

Prädikate, die in einfacher Hinsicht vage sind, da sie sich auf einer Skala in eine klare Ordnung einteilen lassen, aber dennoch eine subjektive Perspektive zulassen, sind u.a. *groß, schnell, laut, heiß, schwer*. Ihnen ist gemeinsam, dass sie zwar messbar sind, aber trotzdem einen subjektiven Standpunkt nicht ausschließen. Sie sind also relativ in Abhängigkeit des Kontexts. (siehe Beispiel 2)

2.2 Nicht-graduierbare Prädikate

Im Gegensatz zu den graduierbaren Prädikate lassen Prädikate wie *schwanger, rund, lebendig, wach* überhaupt keine Graduierbarkeit zu. Komparative können nicht gebildet werden, aber ein Wahrheitswert kann ihnen zu- oder abgesprochen werden. In (3) stehen sich A und B kontradiktorisch gegenüber, ein Sprecher hat Recht, der andere Unrecht.

3. Proben und versteckte Vergleiche

3.1 Ergänzungsprobe mit *finden*

Um zu bestimmen, ob es sich um ein graduierbares Prädikat handelt oder nicht, lässt sich durch eine Ergänzungsprobe mit dem Verb *finden* ermitteln.

(4)   * Hans findet den Tisch viereckig.

(5)   Hans findet Anna groß.

(6)   Hans findet Anna hübsch.

In Beispiel (4) wird deutlich, dass es sich bei dem Prädikat *viereckig* um ein nicht-graduierbares Prädikat handeln muss. Durch die Ergänzungsprobe mit *finden* wird der Satz ungrammatisch. Wohingegen *groß* und *hübsch* in die Kategorie der graduierbaren Prädikate fallen, da die Sätze unter Hinzunahme von *finden* grammatisch bleiben (5 und 6). *Finden* drückt die Tatsache aus, dass ein Umschlagspunkt subjektiv gewählt wird, was in Beispiel 4 nicht zulässig ist, da viereckig eine objektiv feststellbare Tatsache in der Welt bezeichnet. Bei einer Aussage mit *finden* wird ein Vergleich gezogen z.B. zwischen der körperlichen Größe von Anna und dem subjektiven Umschlagspunkt auf einer individuellen Skala. So kann Hans' Umschlagspunkt für *groß* bei 1,70m liegen, wohingegen für Peter Anna erst ab 1,90m groß zu nennen wäre.

3.2 Gradpartikel *zu*

Es gibt eine Möglichkeit auch die nicht-graduierbaren Prädikate in grammatischer Verbindung mit dem Verb *finden* zu bringen. Dies passiert, wenn die Gradpartikel *zu* vorangestellt wird.

(7)   a.   *Hans findet Anna schwanger.

        b.   Hans findet Anna zu schwanger, um mit dem Flugzeug zu fliegen.

(8)   a.   *Peter findet die Kartoffeln schimmelig.

        b.   Peter findet die Kartoffeln zu schimmelig, um sie den Schweinen zu geben.

Zu scheint einem ursprünglich nicht-graduierbaren Prädikat Graduierbarkeit zuzuschreiben. Hierbei wird immer – implizit oder explizit – ein Zweck ausgedrückt, das

Prädikat wird telisch verwendet. Es gibt bei diesen Prädikaten einen Umschlagspunkt, der nicht subjektiv, sondern durch physikalische Begebenheiten in der Welt festgesetzt wird. Daher lässt sich jeweils eindeutig entscheiden, ob jemand beispielsweise schwanger oder schimmelig ist oder nicht. Dies schließt aber nicht aus, dass innerhalb des Bereich des Schwanger- oder Schimmeligseins keine Graduierbarkeit unter Berücksichtigung eines Zwecks oder Ziels stattfinden kann, wie die Beispiele 7b und 8b zeigen. Im Zustand des Schwanger- oder Schimmeligseins ist ein fortgeschrittener Zustand feststellbar.

Allerdings funktioniert die Graduierbarkeit durch *zu* nicht bei allen nicht-graduierbaren Prädikaten. Einige Prädikate lassen eine Graduierbarkeit selbst unter Hinzunahme eines Zwecks nicht zu.

(9)　　　　* Der Hund ist zu tot, um ihn mitzunehmen.

(10)　　　* Anna ist zu verheiratet, um mit ihr zu verreisen.

Hier ist ein Zweck offensichtlich ohne Bedeutung, denn im Zustand des Tot- oder Verheiratetseins kann nicht sinnvoll von einem fortgeschrittenen Stadium gesprochen werden.

Die Tatsache, dass einige nicht-graduierbaren Prädikate in Verbindung mit *zu* gebracht werden können, andere nicht, müsste streng genommen dazu führen, die nicht-graduierbaren Prädikate in zwei verschiedene Gruppen zu unterteilen: in die der nicht-graduierbaren (7b und 8b) und in die absolut-nicht-graduierbaren Prädikate (9 und 10). Da diese Unterscheidung für die weiteren Untersuchung irrelevant ist, wird darauf verzichtet und nur allgemein von *nicht-graduierbaren Prädikaten* gesprochen, die mal telisch, mal nicht-telisch verwendet werden können (siehe 4. Tabelle, III e).

Die Verwendung von *zu* eröffnet einen versteckten Vergleich. Das eigentlich nicht-graduierbare Prädikat *schimmelig* wird in eine Situation gestellt, in der es einen (subjektiven) Umschlagspunkt gibt, zu welchem die Schweine die Kartoffeln noch essen oder eben nicht. In der Formulierung *zu schimmelig, um...* wird der Grad des Schimmeligseins mit dem Grad des *Schimmel, aber für Schweine noch essbar* verglichen.

Bei *zu* plus graduierbaren Prädikaten erfolgt der versteckte Vergleich analog.

(11)　　　　Hans ist zu schwer, um Jockey zu werden.

Paraphrasiert bedeutet der Satz "Es gibt einen Grad zu dem Hans schwer ist, und dieser liegt oberhalb des Grades, der zulässig für einen Jockey ist".

4

3.3 Modalverben

(12)   a.   *Ich finde, Anna fliegt mit dem Flugzeug.

           b.   Ich finde, Anna sollte mit dem Flugzeug fliegen.

Tatsachen in der Welt lassen in der Regel keine subjektive Beurteilung durch das Verb *finden* zu (12a). Doch in Verbindung mit einem Modalverb wie *sollen, können, müssen, dürfen* entstehen durchaus grammatische Sätze, denn Modalverben führen wie die Gradpartikel *zu* ebenfalls einen versteckten Vergleich ein, der nicht mehr nur die Tatsachen in der Welt betrachtet, sondern diese mit einer möglichen Welt vergleicht. So kann (12b) folgendermaßen paraphrasiert werden:

(12)   b.'   Es gibt eine mögliche Welt B, in der Anna mit dem Flugzeug fliegt, und diese finde ich besser als die tatsächliche Welt A.

Durch die Paraphrasierung (12b') wird deutlich, weshalb das Verb *finden* im Kontext mit einem Modalverb eingesetzt werden kann: der Vergleich zweier möglichen Welten erlaubt eine subjektive Präferenz und damit einen subjektiven Umschlagspunkt.

4. Tabelle

In der folgenden Tabelle sollen die bisherigen Ergebnisse zusammengefasst werden, um eine Übersicht über das unterschiedliche Verhalten der PTs, der vagen und der nicht-graduierbaren Prädikate zu erhalten.

		I	II	III
		PTs	vage Prädikate	nicht- graduierbare Prädikate
	Beispiele	hübsch, lecker, interessant	groß, schnell, heiß	schimmelig, schwanger, verheiratet
a	Graduierbarkeit anhand eines objektiven Umschlagspunkts **"Anna ist y."**	x	x	✓
b	Graduierbarkeit anhand eines subjektiven Umschlagspunkts **"Hans findet, Anna ist y."**	✓	✓	*
c	Vergleich zweier Grade bei objektivem Umschlagspunkt **"Anna ist mehr y als Berta."**	x	✓	*
d	Vergleich zweier Grade bei subjektivem Umschlagspunkt **"Hans findet, Anna ist mehr y als Berta."**	✓	*	*
e	telische Verwendung **"Anna ist zu y, um z zu machen."**	x	✓	✓ / * vgl. 3.2
f	Vergleich zweier möglichen Welten (Modalverben) **"Anna sollte y sein."**	x	x	x

* ... ungrammatisch

x ... nicht wahrheitsfähig, aber grammatisch

✓... wahrheitsfähig und grammatisch

5. Strukturelle Unterschiede

5.1 θ-Rolle

(13)   a.   Die Suppe ist lecker für sie.

          b.   *Die Suppe ist schimmelig für sie.

Weshalb ist bei dem PT in (13a) eine Ergänzung mit *für sie* möglich und bei dem nicht-graduierbaren Prädikat in (13b) nicht? Semantisch ist es klar, denn – wie in 2.1 erklärt – bezieht sich das PT auf eine subjektive Skala. Doch auch strukturell muss ein Unterschied vorliegen. Der Verdacht liegt nahe, dass PTs eine zusätzliche Argumentstelle besitzen, die nicht-graduierbare Prädikate nicht haben. Diese semantische Rolle, die θ-Rolle, wird durch einen *experiencer* oder *judge* gesättigt, also durch ein wahrnehmendes Subjekt.

5.2 Dativ-Argumente

(14)   a.   *Der Student ist ihm blöd.

          b.   Der Student ist ihm zu blöd.

          c.   Der Student ist ihm unsympathisch.

(14abc) beinhalten jeweils ein PT. Der eingefügte Dativ *ihm* eröffnet eine Argumentstelle, die gesättigt werden will. Erstaunlich ist hierbei, dass bei (14b) ein *zu* eingefügt werden muss, ansonsten wird der Satz ungrammatisch (14a), wohingegen bei (14c) ein *zu* nicht notwendig ist. Es scheint also innerhalb der Gruppe der PTs Prädikate zu geben, die per se einen Dativ lizensieren und andere, bei denen *zu* eine neue Variable in die Struktur einführt und dadurch die Dativ-Sättigung übernimmt. Beipiele für Dativ-lizensierende PTs sind u.a. *unheimlich, fremd, angenehm, peinlich, wichtig*. Alle Prädikate, die Dative lizensieren, sind PTs, aber nicht vice versa.

    Welche grammatischen und semantischen Eigenschaften diese Dativ-Lizensierer besitzen, wodurch sie sich von anderen PTs unterscheiden, kann hier nicht weiter ausgeführt werden und soll Gegenstand weiterer Forschung bleiben.

6. Fazit

Adjektive unterscheiden sich in graduierbare und nicht-graduierbare Adjektive. Die graduierbaren können in vage Prädikate und *Predicates of Personal Taste* (PTs) differenziert werden, je nachdem, ob eine physikalisch messbare oder nur eine rein subjektive Bewertungsskala zugrunde liegt. PTs besitzen eine Argumentstruktur, die einen *experiencer* lizensiert, ein wahrnehmendes Subjekt. Innerhalb der Klasse der PTs gibt es widerum Prädikate, die einen Dativ lizensieren können. Dies liegt daran, dass der Dativ innerhalb der Satzstruktur eine Argumentstelle eröffnet, die von den Dativ-lizensierenden Prädikaten direkt gesättigt werden kann. Ebenfalls kann die offene Argumentstelle des Dativs durch eine von *zu* + graduierbares Prädikat eingeführte Variable gesättigt werden. Der Vermutung liegt nahe, dass *zu* und Dativ-lizensierende PTs dieselbe Variable in die Satzstruktur einbringen.